MW01143810

 Pregunta esencial

¿Cómo los poetas miran al éxito de diferentes formas?

El matemaratón

Paul Mason
ilustrado por Gervasio Benítez

CAPÍTULO 1

El equipo de matemáticas

Un grupo de estudiantes se paseaba cerca del tablero de anuncios, afuera de la oficina del señor Nelson. Se había regado la voz de que él había publicado los nombres de los integrantes del equipo que representaría a la Escuela Primaria Parkside en la competencia de matemáticas del distrito. Natalia se abrió paso y encontró su nombre en la lista, al lado del de su mejor amiga, Ángela.

Natalia dio un grito y se volteó hacia Ángela.

—¡Lo logramos!

Luego, se dio cuenta de que su amiga no estaba muy entusiasmada.

—¿Qué te pasa? Pensé que estarías en el cielo.

Ángela encogió los hombros.

—La verdad es que tengo problemas con las matemáticas últimamente —dijo bajando el volumen de la voz al entrar a la cafetería.

Natalia rio entre dientes.

—Sí, claro. Recibiste una A en la última tarea.

—Solo porque paso horas luchando con ellas —contestó Ángela—. Para hacer bien la tarea tuve que estudiar todas las noches durante una semana.

Las niñas tomaron sus bandejas y buscaron un lugar en una mesa.

—Antes me parecía que las matemáticas eran pan comido, pero ahora no. Esperaba no ingresar al equipo.

Natalia movió su cabeza, pues Ángela no era así:

—¿Has hablado con el señor Nelson?

—Todavía no.

—Bueno, deberías. Tal vez necesitas ayuda adicional.

—Quizá tengas razón —contestó Ángela.

Después de almorzar, antes de que comenzara la clase, Ángela fue a hablar con el señor Nelson.

—¿Contenta de estar en el equipo? —sonrió el señor Nelson.

Ángela se miraba los pies mientras le contaba al señor Nelson lo que le acababa de decir a Natalia.

El señor Nelson escuchó pacientemente.

—He enseñado durante muchos años y sé cuando alguien es bueno en matemáticas —le dijo sonriendo—. Has trabajado duro para conseguir tu lugar en el equipo y no quiero darle tu puesto a otra persona.

Ángela sonrió.

—¿De verdad?

—Sí. ¿Por qué no te quedas hoy después de las clases y trabajo contigo? —contestó el maestro, riendo entre dientes—. Se supone que la señora Díaz y yo debíamos planear algunas lecciones, pero estoy seguro de que no le importará.

Después de las clases, mientras la señora Díaz trabajaba en otro escritorio, el señor Nelson sacó un material que podría ayudarle a Ángela.

—Bueno, así que tienes problemas con las fracciones, ¿correcto? —dijo el señor Nelson, mientras le entregaba una hoja de trabajo a Ángela—. Trata de resolver algunas preguntas de práctica y encierra en un círculo las que no entiendes, que después las repasaremos juntos.

—Gracias —dijo Ángela, mientras miraba los problemas de la hoja de trabajo.

—Sabes, recuerdo que estos problemas me dejaron completamente perplejo en una prueba importante de matemáticas —dijo el señor Nelson.

—¿Y qué hizo? —le preguntó Ángela.

—Me rendí y entregué la prueba sin haber contestado las preguntas difíciles —respondió el maestro moviendo la cabeza—. Después, cuando repasamos las respuestas en clase, me di cuenta de que el problema no era tan difícil y que solo debía mirarlo desde un ángulo diferente. Me rendí fácilmente.

CAPÍTULO 2

Entrenamiento

Al día siguiente, el equipo de matemáticas practicó para la competencia. El señor Nelson puso una hoja de papel en el pupitre de cada uno.

—Hoy van a arrancar a toda marcha. Vamos a responder preguntas reales de competencias pasadas —dijo—. Van a presentar una prueba real en condiciones reales.

Ángela miró nerviosa a Natalia, que estaba sentada frente a ella. Su amiga le sonrió como diciendo, "lo harás bien".

—Trabajen en equipo —continuó el señor Nelson—. Cuando hayan terminado una sección, entréguenla y les daré otra. Cada conjunto de preguntas es cada vez más difícil. ¿Están listos?

El equipo se miró y asintió.

—Maravilloso —dijo el señor Nelson, poniendo en marcha el cronómetro—. Empecemos.

Juan tomó el primer papel del escritorio del señor Nelson y el equipo se amontonó a su alrededor.

"Si restas 1/3 de..." comenzaba la pregunta.

"Grandioso, fracciones", pensó Ángela.

Al final de la sesión, la cabeza de Ángela daba vueltas. Aunque el equipo había terminado la prueba, razonablemente bien, ella sabía que no había trabajado tan duro como los demás. El primer conjunto de preguntas había noqueado su confianza.

—No te preocupes, todos tenemos días malos —le dijo Natalia.

—Dímelo a mí —asintió Ángela—. Eso estuvo difícil. Parece que necesito entrenar, y mucho. ¿Quieres resolver algunos problemas de práctica después de la escuela?

—Sí, claro —dijo Natalia.

Cada tarde de esa semana las dos niñas estudiaron matemáticas en el apartamento de Ángela. Ángela le mostró a Natalia las preguntas que el señor Nelson le había dado. Natalia admitió que <u>eran</u> muy difíciles y le explicó a Ángela otras estrategias para multiplicar. Ángela le prestó mucha atención.

—Ya veo. Es mejor separar los números en grupos más pequeños —dijo, mientras observaba a Natalia resolver el último problema.

—En realidad, papá me explicó ese método cuando yo estaba estancada y necesitaba ayuda —dijo Natalia.

Ángela reflexionó sobre lo que su amiga le había dicho. Natalia tenía razón. Había sido una tontería luchar sola todo este tiempo. Debió haber pedido ayuda antes.

Detective del lenguaje El verbo subrayado es copulativo. Busca en esta página otro verbo copulativo.

Natalia buscó en un sitio web de matemáticas y encontró otros problemas para resolver con Ángela.

—Qué tal este —dijo subiendo las cejas—. "Frank prepara 15 conos de helado en una hora, pero dos de ellos se derriten cada 15 minutos. ¿Cuánto se demorará en producir 210 conos?".

—Ay —dijo Natalia arrugando la nariz—. ¡Estos van a ser todo un reto!

—Espera, creo que sé cómo hacerlo —dijo Ángela mientras garabateaba en su libreta.

Natalia miró a su amiga y sonrió. Estaba claro: el ánimo de Ángela estaba mejorando.

CAPÍTULO 3
La competencia

Natalia no fue la única que notó el progreso de Ángela. Durante la siguiente práctica, su maestro veía que Ángela resolvía los problemas con renovado entusiasmo.

—Usted tenía razón, señor Nelson —dijo ella—. Solo debía mirar los problemas de manera diferente.

—¿Te sientes lista para la competencia? —le preguntó él.

—Eso espero —contestó Ángela.

El día de la competencia de matemáticas del distrito, el señor Nelson llevó al equipo al auditorio. Quedaron boquiabiertos cuando vieron el enorme salón, lleno de hileras de mesas. Después vieron que el trofeo estaba en un lugar prominente sobre la mesa de los jueces, pendiendo como una zanahoria frente a ellos.

—No tenía idea de que habría tantos equipos aquí —dijo Juan.

—Y todos estos maratonistas son los primeros de su clase de matemáticas, como tú —dijo el señor Nelson.

"Esto va a estar genial", pensó Ángela sin poder evitar la sonrisa de gloria en su cara.

A medida que el equipo avanzaba por las páginas de problemas, Natalia los llevaba y los regresaba a la mesa de los jueces, y los cálculos se volvían más complejos. El resultado se actualizaba de manera permanente en un marcador y el equipo veía que no les estaba yendo tan bien como antes.

—Seguramente tuvimos algunas respuestas erradas en la última entrega —murmuró Sofía.

—Debemos mantenernos centrados y positivos —dijo Ángela—. Créanme, ya he pasado por esto.

Natalia trajo el siguiente conjunto de problemas y Ángela leyó la primera ecuación. Los demás estaban agradecidos de que alguien se hiciera cargo. Ángela los guio para que entendieran el problema y, antes de que se dieran cuenta, ya tenían otro frente a ellos y después otro.

—Vamos, chicos —dijo Ángela, al mirar rápidamente el marcador—. ¡Podemos lograrlo!

Habían logrado situarse en el segundo lugar.

Luego sonó la campana que indicaba que el tiempo se había terminado, y todos pusieron los lápices sobre la mesa. Hubo silencio mientras se anotaban las últimas respuestas.

—Matemáticos —anunció uno de los jueces—, tenemos dos equipos empatados en el primer lugar. ¡Esto significa que vamos a tener un desempate!

Un fuerte murmullo recorrió el auditorio.

Ángela y los demás se emocionaron cuando vieron que el nombre "Escuela Primaria Parkside" compartía la franja superior del marcador. Tenían otra oportunidad de ganar la copa, todo lo que debían hacer era enfocarse en los problemas y ganar ese premio.

Desde el otro lado del salón, uno de sus rivales los saludó con la mano y Ángela regresó el gesto.

"Que gane el mejor equipo", pensó.

Detective del lenguaje Busca en esta página oraciones que utilicen el punto seguido.

CAPÍTULO 4

"Tenemos un ganador"

Los jueces pusieron el reloj a cero, dieron cinco minutos para contestar la pregunta final y, después, sonó la campana para empezar. Natalia y el corredor del otro equipo salieron corriendo hacia la mesa de los jueces y recogieron las hojas.

Ángela leyó el problema en voz alta, mientras los demás escuchaban y suspiraban.

—¿Alguna idea? —preguntó Juan.

Natalia y Sofía negaron moviendo la cabeza.

Ángela pensaba en silencio, hasta que le pareció que este problema era similar al de la preparación de los helados, el que Natalia había encontrado el otro día. Ángela volvió a leer la pregunta y, comenzó a resolverla frenéticamente.

En un instante, Ángela terminó de solucionar el problema y corrió a toda velocidad hacia la mesa de los jueces, justo cuando sonó la campana. Llegó allí en el último segundo.

Mientras los jueces revisaban las respuestas de los dos equipos, Ángela se encogió de hombros.

—No estoy segura de haberlo hecho bien —dijo.

Uno de los jueces se puso de pie frente al micrófono.

—Tenemos un ganador —dijo haciendo una pausa.

El juez guardó silencio para tenerlos en suspenso...

—¡Escuela Primaria Parkside! —exclamó al fin.

El sonido de un fuerte aplauso y un gran jolgorio colmó el auditorio mientras el equipo de Parkside recibía victorioso la copa del triunfo. Ángela le sonreía radiante al señor Nelson, que estaba sentado en la parte de atrás del salón. Él la miró como diciéndole: "Te lo dije".

—Parece que hoy tuviste un gran día —dijo Natalia.

—Supongo que sí —dijo Ángela con una sonrisa triunfal.

Resumir

Usa los detalles importantes de *El matemaratón* para resumir el cuento. Puedes usar el organizador gráfico como ayuda.

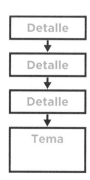

Evidencia en el texto

1. ¿Qué características del cuento te ayudan a identificarlo como ficción realista? GÉNERO

2. ¿Cuál es el tema del cuento? ¿Cómo el logro de Ángela te ayuda a determinar el tema? TEMA

3. En la página 9 dice: "Espera, creo que sé cómo hacerlo —dijo Ángela mientras garabateaba en su libreta". ¿Qué otras palabras podía haber usado el autor a cambio de *garabateaba*? ¿Por qué piensas que escogió *garabatear*? CONNOTACIÓN Y DENOTACION

4. Escribe cómo Ángela logra buenos resultados en matemáticas. Usa detalles del cuento en tu respuesta. ESCRIBIR SOBRE LA LECTURA

Compara los textos

Lee acerca de las aventuras de un gato y un ratón que confían uno en el otro.

El amigo del Gato con Botas

Alexis Romay
(escritor cubano)

El Gato con Botas quiso

salir de paseo un día.

Rebosante de alegría,

maullaba sin previo aviso.

Con las botas en el piso

y el corazón en la luna,

confiaba en que la fortuna,

que le sonríe a cualquiera,

era su fiel compañera:

"¡Como mi suerte, ninguna!".

En eso pensaba el gato,

mientras los montes cruzaba

y en el bosque se adentraba...

¡hasta que perdió un zapato!

"¡Pobre de mí! ¡Qué mal rato!

Qué grande es mi desaliento.

Hace tan solo un momento,

pensaba en mi buena suerte.

Ya no me siento tan fuerte.

Yo que estaba tan contento".

Illustration: Fabiloa Graullera

En esas, se encontró a un gallo
que por el bosque volaba
y con su canto alegraba
a un pato, un perro, un caballo,
y era más veloz que un rayo
cuando entonaba sus notas
desde esas ramas remotas.
Le dijo el gallo al felino
cabizbajo en el camino:
"Te falta una de tus botas".

"Te llevaré a un zapatero
que va a hacerte un nuevo par.
Ya lo vas a comprobar.
Verás qué orgullo, qué esmero,
y qué bien trabaja el cuero
ese ratón talentoso".
"Me parece sospechoso
que un ratón ayude a un gato",
dijo el minino. "Mi olfato
nunca me engaña, tramposo".

Illustration: Fabiloa Graullera

Pero el ratón le repuso
aquella bota perdida
con una hecha a su medida.
Cuando el gato se la puso
se quedó patidifuso
(es decir, muy impresionado).
Estaba tan encantado
de tener un nuevo amigo
que le dijo: "Ven conmigo
a caminar por el prado".

Desde esa mañana hermosa

juegan juntos a menudo.

Y el gallo se queda mudo

ante esa imagen dichosa,

motivo de verso y prosa,

que alegra a toda la villa:

esa hermandad tan sencilla

entre un gato y un ratón

que nos dan una lección:

la amistad, ¡qué maravilla!

Haz conexiones

¿Cuál es el logro de Gato con Botas? PREGUNTA ESENCIAL

¿Cuáles son los logros de los personajes del cuento *El matemaratón* y de la poesía "El amigo del Gato con Botas"? PREGUNTA ESENCIAL

Enfoque:
Elementos literarios

Imaginería La imaginería es un lenguaje descriptivo que nos ayuda a crear imágenes en la mente. Los poetas se valen de la imaginería para describir cómo se ven, suenan, huelen, se sienten o saben algunas cosas. Nosotros utilizamos estas imágenes para comprender mejor una poesía.

Lee y descubre En la página 19 del poema "El amigo del Gato con Botas" aparece una imagen que describe al gallo que se encuentra el Gato con Botas: "era más veloz que un rayo".

Tu turno

Trabaja en grupo para crear una versión del poema en multimedia. Lean el poema en voz alta tantas veces como sea necesario, hasta que sientan la musicalidad y el ritmo. Después creen una secuencia de sonidos o una serie de dibujos para acompañar la grabación.